hen

gặină

rooster

cocoș

chick

pui

duckling

rățușcă

turkey

curcan

donkey

măgar

swan

lebădă

frog

broască

racoon

raton

bear

urs

squirrel

veveriță

fly

muscă

ladybug

gărgăriță

worm

vierme

snail

melc

slug

limax

bee

albină

spider

păianjen

beetle

cărăbuș

dragonfly

libelulă

lion

leu

zebra

zebră

giraffe

girafă

rhinoceros

rinocer

snake

șarpe

mosquito

țânțar

sea turtle

țestoasă marină

hippopotamus

hipopotam

alligator

aligator

crocodile

crocodil

shark

rechin

walrus

morsă

penguin

pinguin

polar bear

urs polar

seal

focă

starfish

stea de mare

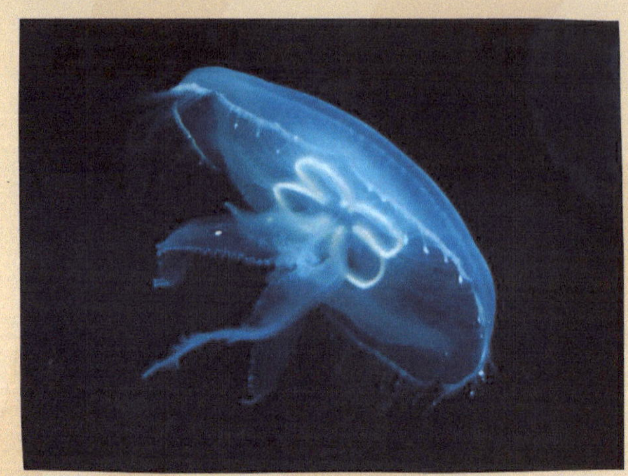

jellyfish

meduză

seashells

scoici

feather

pană

11

eleven

unsprezece

12

twelve

doisprezece

13

thirteen

treisprezece

14

fourteen

paisprezece

15

fifteen

cincisprezece

16

sixteen

şaisprezece

17

seventeen

șaptesprezece

18

eighteen

optsprezece

19

20

heart

inimă

oval

oval

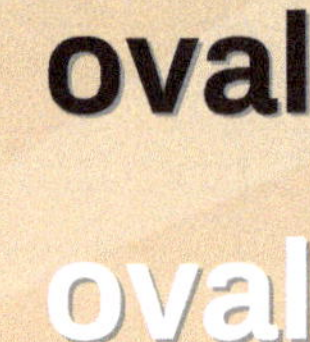

arrow

săgeată

crescent

semilună

curve

curbă

spiral

spirală

cross

cruce

zigzag

zigzag

rainbow

curcubeu

dark colors

culori închise

light colors

culori deschise

dots

puncte

line

linie

short

scund

tall

înalt

 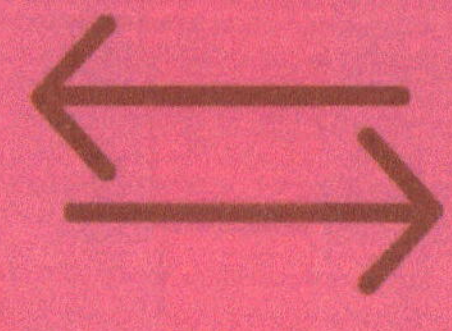 

a little

puțin

a lot

mult

full

plin

empty

gol

curly hair

pär creț

straight hair

pär drept

accept

a accepta

refuse

a refuza

identical

identic

different

diferit

dry

uscat

wet

ud

toys

jucării

blocks

cuburi

ball

minge

robots

roboți

tongue

limbă

nose

nas

hair

păr

moustache

mustață

fingers

degete

arm

braț

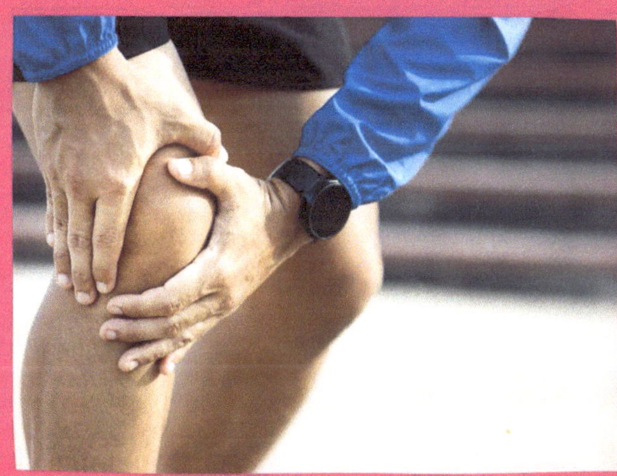

knee

genunchi

elbow

cot

smile

a zâmbi

kiss

sărut

cry

a plânge

pain

durere

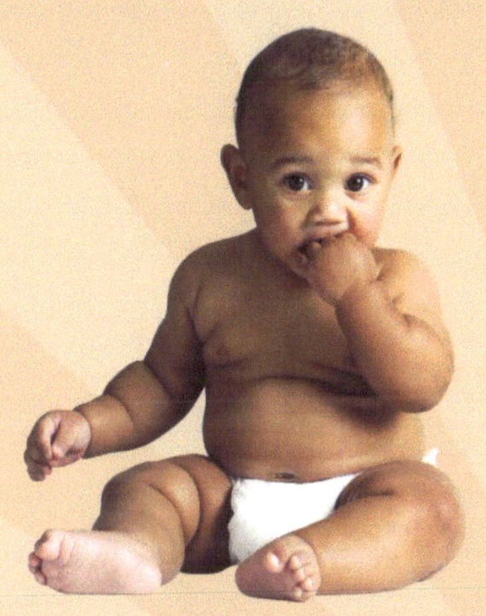

body

corp

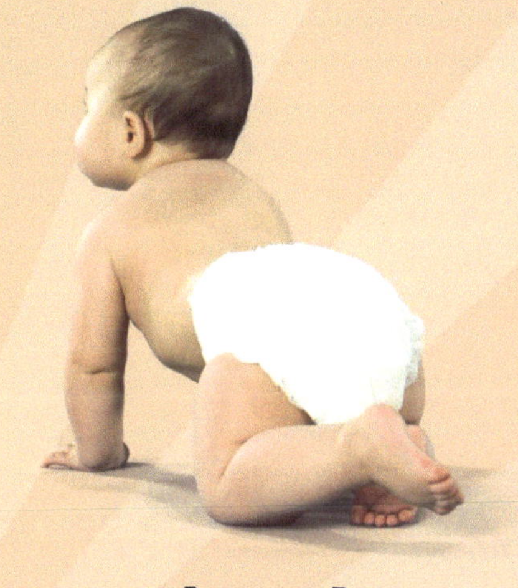

back

spate

pacifier

suzetă

high chair

scaun înalt

soap

săpun

toothbrush

periuță de dinți

towel

prosop

potty

oliță

ring

inel

bracelet

brățară

necklace

colier

earring

cercel

chocolate

ciocolată

popcorn

popcorn

jam

gem

toast

pâine prăjită

honey

miere

butter

unt

bread

pâine

ice cream

înghețată

semolina

griș

rice

orez

pasta

paste

soup

supă

milk

lapte

water

apă

juice

suc

kiwi

kiwi

raspberry

zmeură

grapefruit

grepfrut

melon

pepene galben

plum

prună

apricot

caisă

pomegranate

rodie

fig

smochină

blueberry

afină

cranberry

merișor

persimmon

kaki

lychee

litchi

fruits

fructe

vegetables

legume

avocado

avocado

green bean

fasole verde

broccoli

broccoli

eggplant

vânătă

peas

mazăre

bell pepper

ardei gras

beet

sfeclă

lettuce

salată verde

endive

andivă

artichoke

anghinare

leek

praz

onion

ceapă

garlic

usturoi

ginger

ghimbir

walnuts

nuci

almond

migdală

pistachio

fistic

cashew

caju